이은경쌤의 **초등 글쓰기 완성** 시리즈

구분	1학년	2학년	3학년	4학년	5학년	6학년	중1
글쓰기 습관				**Best!** 세줄쓰기 초등 글쓰기의 시작			
	전래동화 바꿔쓰기	전래동화 바꿔쓰기					
			주제 일기쓰기	주제 일기쓰기			
독서 습관	기본 책읽고쓰기	기본 책읽고쓰기					
			심화 책읽고쓰기	심화 책읽고쓰기			
글쓰기 심화		표현글쓰기	표현글쓰기				
				자유글쓰기	자유글쓰기		
						생각글쓰기	생각글쓰기
논술 대비		왜냐하면 글쓰기	왜냐하면 글쓰기				
				기본 교과서논술			
				논술 쓰기			
						심화 교과서논술	심화 교과서논술
평가 대비				기본 주제 요약하기*	기본 주제 요약하기*		
					심화 주제 요약하기*	심화 주제 요약하기*	
					수행평가 글쓰기*	수행평가 글쓰기*	
영어 글쓰기		영어 한줄쓰기	영어 한줄쓰기	영어 한줄쓰기			
				영어 세줄쓰기*	영어 세줄쓰기*		
						영어 일기쓰기*	영어 일기쓰기*

별표(*) 표시한 도서는 출간 예정입니다.

# 이은경쌤의 초등 글쓰기 완성 시리즈 교재 선택 가이드

- 앞장의 가이드맵을 보면서 권장 학년에 맞추거나 목적에 따라 선택하세요.
- 〈책읽고쓰기〉〈교과서논술〉〈주제 요약하기〉처럼 기본편과 심화편으로 구성된 경우에는 기본편과 심화편을 둘 다 해도 되고, 권장 학년에 맞추어 둘 중 하나만 골라서 해도 돼요.

몇 학년이든 모든 글쓰기는 〈세줄쓰기〉로 시작해요

글쓰기 습관이 필요하다면?
〈전래동화 바꿔쓰기〉
〈주제 일기쓰기〉

+

독서 습관이 필요하다면?
〈[기본] 책읽고쓰기〉
〈[심화] 책읽고쓰기〉

글쓰기 습관과 독서 습관을 모두 갖추었다면?

〈표현글쓰기〉 〈왜냐하면 글쓰기〉 〈자유글쓰기〉 〈생각글쓰기〉

이제 논술과 수행평가를 대비할 차례! 무엇부터 해야 할까요?

논술을 대비하고 싶다면?
〈[기본] 교과서논술〉
〈[심화] 교과서논술〉
〈논술 쓰기〉

+

수행평가를 대비하고 싶다면?
〈[기본] 주제 요약하기〉*
〈[심화] 주제 요약하기〉*
〈수행평가 글쓰기〉*

영어도 대비하고 싶다면? 〈영어 한줄쓰기〉 〈영어 세줄쓰기〉* 〈영어 일기쓰기〉*

별표(*) 표시한 도서는 출간 예정입니다.

이은경쌤의
초등 글쓰기 완성 시리즈

1-3학년 권장

전래동화 바꿔쓰기

전래동화 명장면을 새롭게 쓰며 **창의력**을 길러요

이은경쌤의
초등 글쓰기 완성 시리즈

1-3학년 권장

전래동화 바꿔쓰기

전래동화 명장면을 새롭게 쓰며 **창의력**을 길러요

이은경 지음

상상아카데미

차 례

- 내가 완성하는 '매일 글쓰기 계획표' 6
- 전래동화 바꿔쓰기를 시작하며 10
- 글 잘 쓰는 비법 궁금하죠? 12
- 전래동화 바꿔쓰기, 어떻게 쓰는 건가요? 14
- 전래동화 바꿔쓰기, 왜 쓰는 건가요? 16
- 전래동화 바꿔쓰기, 이렇게 써 보세요 18
- 전래동화 바꿔쓰기 주제 50 20

내가 완성하는 매일 글쓰기 계획표

일차	글쓰기 주제	글 쓴 날짜	완료
01	호랑이와 곶감	월 일	○
02	효녀 심청	월 일	○
03	토끼와 자라	월 일	○
04	빨간 부채 파란 부채	월 일	○
05	흥부 놀부	월 일	○
06	은혜 갚은 개구리	월 일	○
07	콩쥐 팥쥐	월 일	○
08	금덩이를 버린 형제	월 일	○
09	해님 달님	월 일	○
10	토끼의 재판	월 일	○
11	나무 그늘을 산 총각	월 일	○
12	호랑이 형님	월 일	○
13	단 방귀 장수	월 일	○

여기까지 써 보니 어땠어요?

일차	글쓰기 주제	글 쓴 날짜	완료
14	의좋은 형제	월 일	
15	우렁각시	월 일	
16	쇠를 먹는 불가사리	월 일	
17	소가 된 게으름뱅이	월 일	
18	소금을 만드는 맷돌	월 일	
19	선녀와 나무꾼	월 일	
20	냄새 맡은 값	월 일	
21	이상한 샘물	월 일	
22	떡 먹기 내기	월 일	
23	팥죽할멈과 호랑이	월 일	
24	혹부리 영감	월 일	
25	옹고집	월 일	
26	바보 온달과 평강 공주	월 일	

여기끼지 써 보니 어땠어요?

일차	글쓰기 주제	글 쓴 날짜	완료
27	진주를 삼킨 거위	월 일	○
28	장승 재판	월 일	○
29	개와 고양이와 구슬	월 일	○
30	독장수 구구	월 일	○
31	홍길동	월 일	○
32	임금님 귀는 당나귀 귀	월 일	○
33	금도끼 은도끼	월 일	○
34	방귀쟁이 며느리	월 일	○
35	송아지와 바꾼 무	월 일	○
36	신기한 독	월 일	○
37	재주꾼 오 형제	월 일	○
38	은혜 갚은 두꺼비	월 일	○

여기까지 써 보니 어땠어요?

일차	글쓰기 주제	글 쓴 날짜	완료
39	견우직녀	월 일	
40	호랑이 꼬리 낚시	월 일	
41	손톱 먹은 쥐	월 일	
42	도깨비감투	월 일	
43	청개구리 이야기	월 일	
44	삼 년 고개	월 일	
45	훈장님의 꿀단지	월 일	
46	도깨비를 골탕 먹인 농부	월 일	
47	자린고비 영감	월 일	
48	은혜 갚은 꿩	월 일	
49	방귀 시합	월 일	
50	구렁덩덩 신선비	월 일	

여기까지 써 보니 어땠어요?

전래동화 바꿔쓰기를 시작하며

안녕하세요, 작가님!
이렇게 만나서 정말 반가워요.

저는 오늘부터 여러분과 함께 글쓰기를 시작할
'이은경 작가'라고 해요.
글쓰기를 하는 동안
저를 '옥수수 작가님'이라고 불러 주세요.

왜냐하면 저는 여름에 나는 쫄깃쫄깃 찰옥수수를 좋아하고,
옥수수처럼 하얗고 가지런한 이를 가졌고,
글을 쓸 때는 주로 옥수수를 쪄 먹기 때문이에요.

궁금해요!

이곳에 찾아온 우리 작가님은 어떤 분인가요?

개구리 작가님? 수박 작가님? 귀신의 집 작가님?

작가님에 관한 멋진 소개를 부탁해도 될까요?

여러분, 안녕하세요!

오늘부터 글쓰기를 시작할 저는 _____ 작가입니다.

_____ 작가라는 이 멋진 이름은

제가 _____ 때문에 이렇게 지었어요.

사실 제 원래 이름은 _____ 인데요,

저는 _____ 를 할 때 행복하고,

_____ 를 할 때 자신감이 솟는 멋진 학생이랍니다.

역시! 멋진 소개 감사해요, 작가님.

작가님과 함께 글 쓸 생각에 설레는 마음을 가득 담아

글 잘 쓰는 비법을 살짝 공개하겠습니다, 고고!

글 잘 쓰는 비법, 궁금하죠?

옥수수 작가의 글쓰기 비법을 공개하는 시간!

글쓰기를 시작하려 하나요?

이왕 글을 쓰기로 마음먹었다면 분명 글을 잘 쓰고 싶을 거예요.

그렇다면 그 전에 먼저 중요한 한 가지를 생각해 봐요.

도대체 글을 잘 쓰면 뭐가 좋을까요?

사실, 우리의 장래 희망이 모두 작가가 아닌데도

글을 잘 쓰면 어떤 좋은 점이 있을까요?

매일 하는 공부만으로도 힘든데 왜 우리가 글까지 잘 써야 할까요?

그런데 여러분, 이 옥수수 작가가 확실하게 장담할 수 있는 사실이 있어요.

꾸준히 글을 쓰는 것만으로도 조금씩 더 똑똑해지고,

생각이 점점 깊어지고, 발표할 때 자신감이 넘치고,

시험 점수가 올라가기도 하며, 친구들이 부러워할 거예요.

또 나만의 생각을 글로 표현하는 일이 훨씬 쉬워지고,

어떤 수업이든 내용을 차근차근히 이해하는 것이 어렵지 않을 거예요.

이게 바로 글쓰기만의 마법이고 매력이랍니다.

그래서 여러분의 꾸준한 글쓰기를 응원하는 거예요.

글을 잘 쓰고 싶은 우리 작가님을 위한
'글 잘 쓰는 비법 세 가지'를 지금부터 공개할게요!

첫째, 꾸준히 써요.

매일 쓰지 않아도 괜찮아요. 일주일에 하루를 정해 놓고 매주 딱 한 편씩만 글을 써 보세요. 조금만 써도 되고, 재미없게 써도 되고, 글씨가 삐뚤빼뚤해도 괜찮아요. 매주 한 편씩 꾸준히 쓰는 약속을 앞으로 1년 동안 지켜 나간다면 말이죠!

둘째, 꾸준히 읽어요.

잘 쓰고 싶다면, 많이 읽어야 해요. 글쓰기 실력은 얼마만큼 읽었느냐에 따라 결정되거든요. 글쓰기를 일주일에 하루만 하더라도, 책 읽기는 하루도 빠짐없이 하기를 추천합니다! 꾸준한 독서로 문해력과 사고력을 쌓은 실력자가 되어 봐요.

셋째, 글을 자랑해요.

우리 작가님의 글을 가족과 친구, 선생님에게 열심히 자랑해 보세요. 쑥스럽다고요? 처음에는 당연히 그래요. 하지만 오늘 작가님이 쓴 글은 세상 어디에도 없고, 누구도 절대 쓸 수 없는 멋지고 유일한 작품이라는 사실을 잊지 마세요.

전래동화 바꿔쓰기, 어떻게 쓰는 건가요?

전래동화 속 인상 깊은 장면을 나만의 이야기로 바꿔 쓰는 것이
바로 '전래동화 바꿔쓰기'랍니다.
'호랑이'가 등장했지만 '코끼리'가 사라지게 만드는 것,
무척 색다르고 멋진 경험이 되겠죠?

'전래동화 바꿔쓰기'만의 비법을 공개하겠습니다.
〈호랑이와 곶감〉이라는 이야기를 들어본 적이 있나요?
이 이야기 속 한 장면에는 산속에 살던 호랑이가
먹이를 찾으러 마을로 내려왔을 때 아기 울음소리가 들려와요.

우리는 이 장면을 훨씬 더 재미있게 바꿔 볼 거예요.
산속에서 호랑이가 아닌 곰, 여우, 코끼리가 내려온다면?
마을에 도착했더니 아기 울음소리가 아닌
할머니의 방귀 소리나 아저씨의 코 고는 소리가 들린다면?
생각만 해도 재미있는 이야기들이 떠오르죠?

'전래동화 바꿔쓰기'는 어떻게 쓰면 좋을까요?
옥수수 작가의 비법을 전격 공개합니다!

첫째, 천천히 낭독해요.

이야기를 나만의 더 재미있는 장면으로 바꾸고 싶다면 원래 어떤 장면이었는지 잘 아는 과정이 중요해요. 먼저, 전래동화 속 명장면을 천천히 또박또박 낭독할 거예요. 목소리가 작아도 괜찮으니 소리 내어 읽어 보세요.

둘째, 한 문장을 따라 써요.

전래동화 속 명장면에는 깔깔 웃음이 나게 만드는 재미있는 문장들이 있어요. 먼저, 옥수수 작가가 고른 한 문장을 따라 써 보세요. 그런 다음 그것보다 더 재미있고 마음에 쏙 드는 다른 한 문장을 골라 나만의 멋진 글씨로 정성껏 따라 써 보세요.

셋째, 새롭게 바꿔 써요.

전래동화 속 한 장면을 나만의 이야기로 새롭게 바꿔 써요. 등장인물을 바꾸고, 이름과 장소를 바꾸는 것으로 시작해 전래동화라면 상상도 하지 못했을 깜짝 놀랄 만한 완전히 새롭고 엉뚱하고 기발하고 배꼽 잡는 이야기를 마음껏 써 보세요.

넷째, 제목도 새롭게 지어요.

나만의 새로운 이야기에는 전래동화의 원래 제목이 어울리지 않아요. 이야기가 새로워졌으니 제목도 새롭게! 나만의 이야기에 찰떡같이 어울리는 새로운 제목을 붙여 보세요. 이거, 이러다 동화책 쓰는 작가님이 될 수도 있겠군요!

전래동화 바꿔쓰기, 왜 쓰는 건가요?

쓰는 방법은 잘 알겠는데, 이쯤에서 궁금증이 생겨요.
'전래동화 바꿔쓰기'를 쓰면 도대체 뭐가 좋은 건가요?

나만의 새로운 이야기로 바꿔 써 보는 '전래동화 바꿔쓰기'는 집중해서 읽기, 문장 따라 쓰기, 창의적으로 생각하기를 연습하는 멋진 과정이랍니다. 지금까지는 아무리 재미있는 책을 읽어도 휘리릭 읽고 난 뒤에 '재미있었다' 하고는 독서를 마무리했을 거예요. 하지만 '전래동화 바꿔쓰기'를 하면 제시된 글을 집중해서 낭독하는 경험, 글 속에서 한 문장을 골라 정확하게 따라 쓰는 연습, 나만의 새로운 이야기로 변형하는 경험, 책의 제목까지도 바꾸는 경험까지 할 수 있답니다.

'집중하여 읽기'와 '상상하여 쓰기'를 동시에 경험하며 글쓰기 미션을 하나씩 완료하는 과정은 이후에 쓰게 될 일기, 기행문, 수필, 소개글, 논술 등을 나만의 특별한 생각이 담긴 멋진 작품으로 완성하도록 도와줄 거예요.

'전래동화 바꿔쓰기'의 엄청난 효과를 소개합니다.

첫째, 읽기 집중력이 높아져요.

긴 글을 대충 읽기보다는 짧은 글이라도 집중하고 반복해서 읽는 경험이 필요해요. 눈으로만 읽고 끝내는 습관 때문에 글이 주는 재미를 느끼지 못했다면 낭독하고, 문장 찾고, 따라 쓰고, 바꿔 쓰는 미션을 통해 읽기 집중력을 높일 수 있어요.

둘째, 바른 글씨를 쓸 수 있어요.

숙제를 해치우듯 많은 글을 쓰려면 빨리 써야 하고, 어쩔 수 없이 글씨도 대충대충 쓸 수밖에 없어요. 전래동화 명장면 속 딱 한 문장만 골라 따라 쓰는 미션을 통해 정성껏 또박또박 천천히 써 보며 최고의 글씨를 쓸 수 있어요.

셋째, 창의적으로 생각해요.

지루한 이야기라고만 생각했던 전래동화가 나만의 배꼽 잡는 재미있는 이야기로 바뀔 수 있다는 사실에 놀랄 거예요. 새로운 등장인물과 사건을 떠올려 보는 과정을 통해 틀에 박히지 않은 창의적으로 생각하는 습관이 생긴답니다.

전래동화 바꿔쓰기, 이렇게 써 보세요

01 호랑이와 곶감

미션 1 ▶ 동화 속 명장면을 또박또박 함께 읽어요.

산속에 살던 호랑이가 먹이를 찾으러 마을로 내려왔어. 그때 어떤 집에서 아기 울음소리가 났어. 방 안에서 아기 엄마가 아기를 달래며 이렇게 말했지.

"뚝! 밖에 호랑이가 와 있어. 안 그치면⋯"

문밖에 선 호랑이는 깜짝 놀랐어.

'내가 온 줄 어떻게 알았지?'

그런데 아기는 울음을 그치지 않⋯

"곶감 줄게, 뚝!"

교과서에 수록된 전래동화의 명장면을 뽑았어요. 소리 내어 천천히 또박또박 읽어 봐요.

은경쌤이 고른 인상 깊은 문장을 따라 쓰고, 마음에 쏙 드는 다른 한 문장을 직접 골라 멋진 글씨로 써요.

미션 2 ▶ 인상 깊은 문장을 골라 따라 써요.

은경쌤이 고른 문장	"뚝! 밖에 호랑이가 와 있어."
내가 고른 문장	

예시

오늘 쓴 글 어때? 마음에 들어?
★ ★ ★ ★ ★

년   월   일   요일

미션 3 ▶ 나만의 이야기로 새롭게 바꿔 써 보아요.

산속에 살던 _____ 이/가 먹이를 찾으러 마을로 내려왔어.

그때 어떤 집에서 _____ 소리가 났어.

3
등장인물과 이름, 장소, 뒷이야기까지 마음껏 새롭게 바꿔 지어 나만의 이야기를 만들어요.

4
내가 지은 이야기에 찰떡같이 어울리는 재미있는 제목을 붙여요.

미션 4 ▶ 바꿔 쓴 이야기에 재미있는 제목을 붙여 주세요.

호랑이와 곶감

나만의 이야기로
전래동화 바꿔쓰기 주제
50

전래동화 속 멋진 장면을
나만의 이야기로 바꿔 써 볼까요?

또박또박 소리 내어 읽고,
재미있는 한 문장을 골라 써 보세요.
그런 다음 등장인물, 이름, 장소를 바꾸어
세상에 없던 나만의 이야기를 지어요.
새로운 제목까지 붙이면 완성!
생각만 해도 재미있는 이야기가 떠오르죠?

01 호랑이와 곶감

미션 1 ▶ 동화 속 명장면을 또박또박 함께 읽어요.

　　산속에 살던 호랑이가 먹이를 찾으러 마을로 내려왔어. 그때 어떤 집에서 아기 울음소리가 났어. 방 안에서 아기 엄마가 아기를 달래며 이렇게 말했지.

"뚝! 밖에 호랑이가 와 있어. 안 그치면 호랑이가 잡아간다!"

문밖에 선 호랑이는 깜짝 놀랐어.

'내가 온 줄 어떻게 알았지?'

그런데 아기는 울음을 그치지 않고 더 크게 울었어.

"곶감 줄게, 뚝!"

엄마가 말하자 아기는 언제 울었냐는 듯 울음을 뚝 그쳤어. 호랑이는 그 길로 후다닥 도망갔지. 아기가 호랑이보다 더 무서워하는 곶감을 피해서 말이야.

미션 2 ▶ 인상 깊은 문장을 골라 따라 써요.

은경쌤이 고른 문장	"뚝! 밖에 호랑이가 와 있어."
내가 고른 문장	

오늘 쓴 글 어때? 마음에 들어?
★★★★★

　년　　월　　일　　요일

미션 3 ▶ 나만의 이야기로 새롭게 바꿔 써 보아요.

산속에 살던 [　　　　]이/가 먹이를 찾으러 마을로 내려왔어.

그때 어떤 집에서 [　　　　] 소리가 났어.

미션 4 ▶ 바꿔 쓴 이야기에 재미있는 제목을 붙여 주세요.

02 효녀 심청

미션 1 ▶ 동화 속 명장면을 또박또박 함께 읽어요.

어느 날, 이웃집 일을 도와주러 갔던 청이가 늦게까지 돌아오지 않았어. 심 봉사는 청이를 찾아 나섰다가 그만 개울에 빠지고 말았지.

"사람 살려, 살려 주시오!"

마침 길을 지나던 스님이 심 봉사를 구해 주었어.

"이런, 안타깝게도 앞을 보지 못하는 모양이군요. 눈을 뜰 방법이 한 가지 있기는 한데……."

그 얘기를 들은 심 봉사는 기대에 찬 눈으로 물었지.

"정말입니까? 그 방법이 무엇입니까?"

"부처님께 공양미 삼백 석을 올리고 정성껏 기도를 드리세요. 그러면 반드시 눈을 뜨게 될 것이오."

심 봉사는 꼭 그리하겠노라고 약속을 했어.

미션 2 ▶ 인상 깊은 문장을 골라 따라 써요.

은경쌤이 고른 문장	그만 개울에 빠지고 말았지.
내가 고른 문장	

오늘 쓴 글 어때? 마음에 들어?

년   월   일   요일

미션 3 ▶ 나만의 이야기로 새롭게 바꿔 써 보아요.

어느 날, 이웃집 일을 도와주러 갔던 ☐☐☐☐ 이/가 늦게까지

돌아오지 않았어. ☐☐☐☐ 은/는 청이를 찾아 나섰다가

미션 4 ▶ 바꿔 쓴 이야기에 재미있는 제목을 붙여 주세요.

03 토끼와 자라

미션 1 ▶ 동화 속 명장면을 또박또박 함께 읽어요.

자라는 토끼를 등에 태우고 바닷속 용궁으로 갔어. 토끼를 본 용왕님이 말했지.

"여봐라, 어서 내 병을 고칠 수 있는 토끼의 간을 꺼내도록 하여라."

용왕님의 말을 들은 토끼는 심장이 쿵 내려앉았어. 하지만 곧 정신을 차리고 침착하게 꾀를 하나 내었지.

"저의 간으로 용왕님 병을 고칠 수 있다니 큰 영광이옵니다. 하지만 제 간이 명약이라고 소문이 나서 모두 탐내는 바람에 제 간을 집 안에 감추어 두고 다닌답니다."

토끼의 말에 용궁 안에 있던 모두가 웅성댔어.

용왕님도 곰곰이 생각해 보고는 간을 가지고 오라고 토끼를 다시 육지로 보내 주었어.

미션 2 ▶ 인상 깊은 문장을 골라 따라 써요.

은경쌤이 고른 문장	토끼는 심장이 쿵 내려앉았어.
내가 고른 문장	

오늘 쓴 글 어때? 마음에 들어?

년   월   일   요일

미션 3 ▶ 나만의 이야기로 새롭게 바꿔 써 보아요.

자라는 _____ 을/를 등에 태우고 바닷속 용궁으로 갔어.

_____ 을/를 본 용왕님이 말했지.

미션 4 ▶ 바꿔 쓴 이야기에 재미있는 제목을 붙여 주세요.

04 빨간 부채 파란 부채

미션 1 ▶ 동화 속 명장면을 또박또박 함께 읽어요.

두 부채로 코를 늘였다 줄였다 하던 할아버지는 조금 심심해졌어.

'코가 어디까지 길어질까? 부채질을 한번 해 볼까?'

할아버지는 정자에 누워 빨간 부채를 부치기 시작했어. 코는 쑥쑥 자라나 나무보다도, 산봉우리보다도 높아졌지. 자꾸 늘어나던 코는 하늘나라의 옥황상제 앞에까지 올라갔어.

깜짝 놀란 옥황상제는 불같이 화를 냈지.

"아니, 어떤 녀석이 감히!"

옥황상제는 코를 기둥에 꽁꽁 묶었어.

"아이고, 내 코야."

코가 아팠던 할아버지는 파란 부채를 부쳐 코를 줄이려고 했어. 그랬더니 할아버지 몸이 점점 하늘로 붕 떠오르는 거야.

미션 2 ▶ 인상 깊은 문장을 골라 따라 써요.

은경쌤이 고른 문장	옥황상제는 코를 기둥에 꽁꽁 묶었어.
내가 고른 문장	

오늘 쓴 글 어때? 마음에 들어?

　　　　　　　　　년　　월　　일　　요일

미션 3 ▶ 나만의 이야기로 새롭게 바꿔 써 보아요.

두 부채로 　　　　　 을/를 늘였다 줄였다 하던 할아버지는 조금 심심해졌어. '　　　　 이/가 어디까지 　　　　　？ 부채질을 한번 해 볼까?'

미션 4 ▶ 바꿔 쓴 이야기에 재미있는 제목을 붙여 주세요.

05 흥부 놀부

미션 1 ▶ 동화 속 명장면을 또박또박 함께 읽어요.

이듬해 봄, 흥부네 집으로 돌아온 제비는 흥부에게 박씨를 하나 물어다 주었어. 담장 아래 심은 박씨에서 싹이 트고 꽃이 피고 탐스러운 박이 주렁주렁 열렸어.

"슬근슬근 톱질하세! 슬근슬근 톱질하세!"

마침내 박이 쩍 갈라지며 박 속에 들었던 금은보화가 와르르 쏟아졌어.

두 번째 박에서는 알록달록 고운 비단이 흘러나왔어. 세 번째 박에서는 군침 도는 진수성찬이 차려졌고, 네 번째 박에서는 으리으리한 기와집이 떡하니 나타났지.

박을 열 때마다 귀하고 값진 것들이 넘쳐흘렀어.

"내 아우, 흥부야!"

그 소문을 들은 놀부가 흥부를 찾아왔어.

미션 2 ▶ 인상 깊은 문장을 골라 따라 써요.

은경쌤이 고른 문장	금은보화가 와르르 쏟아졌어.
내가 고른 문장	

오늘 쓴 글 어때? 마음에 들어?

년   월   일   요일

미션 3 ▶ **나만의 이야기로 새롭게 바꿔 써 보아요.**

이듬해 봄, 흥부네 집으로 돌아온 _____ 은/는 흥부에게

_____ 씨를 하나 물어다 주었어.

미션 4 ▶ **바꿔 쓴 이야기에 재미있는 제목을 붙여 주세요.**

31

06 은혜 갚은 개구리

미션 1 ▶ 동화 속 명장면을 또박또박 함께 읽어요.

"고마워요, 농부님. 개굴개굴."

농부 덕분에 목숨을 건진 개구리는 농부에게 바가지를 하나 주며 감사 인사를 했어.

"아니, 웬 바가지냐?"

"생명을 구해 주신 보답이에요. 좋은 일이 생길 것입니다."

농부는 바가지를 받아 들고는 고개를 갸웃거리며 집으로 왔어.

집으로 돌아온 농부는 얼마 남지 않은 쌀을 바가지에 담아 밥을 하려고 했지. 아니, 그런데 이게 웬일이야? 몇 알 되지 않던 쌀이 바가지에 가득 담기는 것이 아니겠어?

깜짝 놀란 농부는 이번엔 바가지에 동전 하나를 넣어 보았어. 역시나 동전이 바가지 가득 채워졌지.

미션 2 ▶ 인상 깊은 문장을 골라 따라 써요.

은경쌤이 고른 문장	고개를 갸웃거리며 집으로 왔어.
내가 고른 문장	

오늘 쓴 글 어때? 마음에 들어?
★★★★★

년   월   일   요일

미션 3 ▶ 나만의 이야기로 새롭게 바꿔 써 보아요.

"고마워요, _____. 개굴개굴."

_____ 덕분에 목숨을 건진 개구리는 _____ 에게

_____ 을/를 하나 주며 감사 인사를 했어.

미션 4 ▶ 바꿔 쓴 이야기에 재미있는 제목을 붙여 주세요.

07 콩쥐 팥쥐

미션 1 ▶ 동화 속 명장면을 또박또박 함께 읽어요.

그러던 어느 날, 동네에 큰 잔치가 열렸어.

"콩쥐 너는 독에 물을 가득 채워 놓고, 벼를 다 찧어 놓고, 베를 다 짜 놓은 뒤에 오거라."

새엄마는 콩쥐에게 힘든 일을 잔뜩 시켜 놓고 나갔지.

콩쥐는 열심히 물을 길어다 독에 부었어. 하지만 독은 밑이 깨져 있어서 물이 채워지지 않는 거야. 그때 두꺼비가 나타나 말했어.

"콩쥐 아가씨, 내가 구멍을 막아 줄 테니 물을 채우세요."

두꺼비의 도움으로 물을 채운 콩쥐는 벼를 찧으러 갔지. 이번에는 참새들이 나타났어.

"콩쥐 아가씨, 저희가 도와드릴게요."

참새들은 벼를 콕콕 쪼아 껍질을 벗겨 주었어.

미션 2 ▶ 인상 깊은 문장을 골라 따라 써요.

은경쌤이 고른 문장	"콩쥐 아가씨, 저희가 도와드릴게요."
내가 고른 문장	

오늘 쓴 글 어때? 마음에 들어?
★★★★★

년   월   일   요일

미션 3 ▶ 나만의 이야기로 새롭게 바꿔 써 보아요.

그러던 어느 날, 동네에 큰 잔치가 열렸어.

"콩쥐 너는

 뒤에 오너라."

미션 4 ▶ 바꿔 쓴 이야기에 재미있는 제목을 붙여 주세요.

08 금덩이를 버린 형제

미션 1 ▶ 동화 속 명장면을 또박또박 함께 읽어요.

　우연히 금덩이 두 개를 주운 형제는 하나씩 나누어 가졌지. 형제는 금덩이로 무엇을 할까 고민했어.

　'식구들 좋은 옷도 사 주고 맛난 음식도 먹이려면 하나로는 부족할 것 같은데…….'

　'땅도 사고, 집도 사려면 하나로는 부족할 것 같은데…….'

　형제는 서로의 금덩이가 탐났어. 둘도 없이 서로를 챙기던 형제는 한순간 서로를 원망하며 말이 없어졌지.

　집으로 돌아오는 길에 갑자기 아우가 금덩이를 강물에 던져 버렸어.

　"아니, 아우야. 지금 무엇을 버리는 게냐?"

　"형님, 금덩이보다는 형님과 저의 우애가 더욱 소중해요."

　그 모습을 본 형도 금덩이를 힘껏 강물에 던졌대.

미션 2 ▶ 인상 깊은 문장을 골라 따라 써요.

은경쌤이 고른 문장	금덩이를 힘껏 강물에 던졌대.
내가 고른 문장	

오늘 쓴 글 어때? 마음에 들어?
★★★★★

년   월   일   요일

미션 3 ▶ 나만의 이야기로 새롭게 바꿔 써 보아요.

우연히 [   ] 두 개를 주운 형제는 하나씩 나누어 가졌지.

형제는 [   ]로 무엇을 할까 고민했어.

미션 4 ▶ 바꿔 쓴 이야기에 재미있는 제목을 붙여 주세요.

37

# 09　해님 달님

미션 1 ▶ 동화 속 명장면을 또박또박 함께 읽어요.

　호랑이는 오누이의 엄마를 잡아먹고서는 엄마의 옷을 입고 오누이의 집으로 향했어.
　"얘들아, 엄마가 왔으니 문 열어 주렴."
　아이들은 엄마의 목소리가 이상하다며 진짜 엄마가 맞냐고 물었지. 그러자 호랑이는 목소리를 가다듬고 다시 말했어.
　"온종일 힘들게 일을 하느라 목이 이렇게 쉬었단다."
　"그럼 엄마 손을 볼 수 있게 내밀어 보세요."
　호랑이는 앞발을 쑥 내밀었지.
　"엄마, 손이 왜 이렇게 거칠어요?"
　"찬물에 손을 담그고 일을 하니 손이 거칠어졌지 뭐니."
　호랑이는 뻔뻔하게 말했어.

미션 2 ▶ 인상 깊은 문장을 골라 따라 써요.

은경쌤이 고른 문장	"엄마, 손이 왜 이렇게 거칠어요?"
내가 고른 문장	

오늘 쓴 글 어때? 마음에 들어?

년   월   일   요일

미션 3 ▶ **나만의 이야기로 새롭게 바꿔 써 보아요.**

　호랑이는 _____ 의 엄마를 잡아먹고선 그 옷을 입고 _____ 의 집으로 향했어.

미션 4 ▶ **바꿔 쓴 이야기에 재미있는 제목을 붙여 주세요.**

10 토끼의 재판

미션 1 ▶ 동화 속 명장면을 또박또박 함께 읽어요.

그때 토끼 한 마리가 깡충깡충 뛰어가고 있었어.

"마지막으로 토끼에게 물어보자."

토끼는 고개를 갸웃거리며 나그네와 호랑이의 이야기를 들었어.

"아, 그러니까 나그네님이 구덩이에 빠져 있었다고요?"

"아니, 구덩이에 빠진 호랑이를 내가 구해 주었는데……."

"아, 호랑이가 나그네님을 구덩이에서 꺼내 주었군요?"

"아니, 아니."

그 모습을 지켜보던 호랑이가 답답해하며 앞으로 나섰지.

"아니, 왜 이리 못 알아들어? 내가 이렇게 구덩이에 빠져 있었다고!"

호랑이가 구덩이로 훌쩍 뛰어내리며 말했어. 그러자 토끼는 냉큼 구덩이에 놓여 있던 나무를 치워 버렸지.

미션 2 ▶ 인상 깊은 문장을 골라 따라 써요.

은경쌤이 고른 문장	"아니, 왜 이리 못 알아들어?"
내가 고른 문장	

오늘 쓴 글 어때? 마음에 들어?

★★★★★

년　월　일　요일

미션 3 ▶ 나만의 이야기로 새롭게 바꿔 써 보아요.

그때 [　　　] 한 마리가 [　　　　　　] 있었어.

"마지막으로 [　　　　] 에게 물어보자."

미션 4 ▶ 바꿔 쓴 이야기에 재미있는 제목을 붙여 주세요.

토끼의 재판

# 은경쌤과 함께 하는 속담 퀴즈

1. 고래 싸움에 _____ 등 터진다.

2. 말 안 듣기는 _____ 같다.

3. 자라 보고 놀란 가슴 _____ 보고 놀란다.

4. _____ 도 약에 쓰려면 없다.

5. 호미로 막을 것을 _____ 로 막는다.

정답 1. 새우 2. 당나귀 3. 솥뚜껑 4. 개똥 5. 가래

년   월   일   요일

아무리 글쓰기가 재미있어도 잠시 쉬어 갈까요?

6. 고양이한테 _____ 을 맡기다.

7. 목마른 사람이 _____ 을 판다.

8. 참새가 _____ 을 그냥 지나치랴.

9. _____ 목에 방울 달기

10. _____ 가서 김 서방 찾는다.

속담 퀴즈 1라운드, 즐거웠나요?
우리는 열 편의 글을 더 쓰고 난 뒤, 2라운드에서 만나요!

정답 6. 생선 7. 우물 8. 방앗간 9. 고양이 10. 서울

11 나무 그늘을 산 총각

미션 1 ▶ 동화 속 명장면을 또박또박 함께 읽어요.

오후가 되자 나무 그늘은 욕심쟁이 영감 집 앞마당으로 옮겨 갔어. 총각도 덩달아 영감 집 앞마당으로 들어갔지.

"아니, 어째서 남의 집에 함부로 들어오는 게냐?"

욕심쟁이 영감은 큰소리를 지르며 총각을 쫓아내려 했지. 하지만 총각은 껄껄 웃으며 말했어.

"무슨 말씀이셔요? 여기는 제 나무 그늘인걸요."

영감은 당황해 말문이 턱 막혔어. 총각은 말 그대로 나무 그늘 아래에 서 있었거든.

"그늘이 참으로 시원한 것이, 열 냥을 주고 사기를 참 잘했구나."

능글능글 웃으며 마당에 드러누운 총각을 보니 영감은 화가 부글부글 끓어올랐어.

미션 2 ▶ 인상 깊은 문장을 골라 따라 써요.

은경쌤이 고른 문장	영감은 화가 부글부글 끓어올랐어.
내가 고른 문장	

년   월   일   요일

미션 3 ▶ 나만의 이야기로 새롭게 바꿔 써 보아요.

오후가 되자 나무 그늘은 　　　　　　　　　　 로 옮겨 갔어.

총각도 덩달아 　　　　　　　　 로 들어갔지.

미션 4 ▶ 바꿔 쓴 이야기에 재미있는 제목을 붙여 주세요.

12 호랑이 형님

미션 1 ▶ 동화 속 명장면을 또박또박 함께 읽어요.

　산골 마을에 살던 한 젊은이가 나무를 하러 산에 갔다가 호랑이를 만났어. 호랑이에게 잡아먹히게 생긴 젊은이는 꾀를 내어 호랑이에게 넙죽 절을 했지.
　"형님, 그동안 산속에서 어떻게 지내셨어요?"
　젊은이를 잡아먹으려던 호랑이는 주춤하며 물었지.
　"어흥! 난 호랑이고 넌 사람인데 그게 무슨 소리냐?"
　젊은이는 호랑이의 말에 반가운 척 계속 말을 이어 갔어.
　"형님은 어릴 적 산속으로 들어갔다가 돌아오지 않으셨대요. 가끔 어머니 꿈에 호랑이가 된 형님이 나타나 울고 있었다고 합니다. 어머니께서는 산에서 호랑이를 만나거든 형님이라고 부르라 하셨어요."
　눈물을 뚝뚝 떨구는 젊은이의 모습에 호랑이는 생각에 잠겼어.

미션 2 ▶ 인상 깊은 문장을 골라 따라 써요.

은경쌤이 고른 문장	호랑이에게 넙죽 절을 했지.
내가 고른 문장	

오늘 쓴 글 어때? 마음에 들어?

년   월   일   요일

미션 3 ▶ **나만의 이야기로 새롭게 바꿔 써 보아요.**

산골 마을에 살던 한 _____ 이/가 나무를 하러 산에 갔다가 _____ 을/를 만났어. _____ 에게 잡아먹히게 생긴 _____ 은/는 꾀를 내어 _____

미션 4 ▶ **바꿔 쓴 이야기에 재미있는 제목을 붙여 주세요.**

13 단 방귀 장수

미션 1 ▶ 동화 속 명장면을 또박또박 함께 읽어요.

　어느 날, 동생이 달콤한 꿀을 먹고 엉덩이에 힘을 주자 '뿌웅' 하고 방귀가 나왔어.
　"오잉? 방귀 냄새가 왜 이리 달콤하지?"
　너무나도 달고 향긋한 방귀 냄새를 맡은 동생은 이 방귀를 사람들에게 팔아도 좋겠다는 생각이 들었어.
　"단 방귀 사려, 단 방귀 사세요!"
　동생은 향기로운 방귀를 뀌며 사람들에게 방귀를 사라고 외쳤지.
　"아니, 이렇게 달콤하면서도 향긋한 냄새는 처음 맡아 보는걸?"
　사람들은 달콤한 방귀 냄새를 신기해하며 서로 사겠다고 너도나도 앞을 다투었어. 이 소식을 들은 형은 냉큼 동생을 찾아와 단 방귀 뀌는 방법을 물어보았지.

미션 2 ▶ 인상 깊은 문장을 골라 따라 써요.

은경쌤이 고른 문장	"단 방귀 사려, 단 방귀 사세요!"
내가 고른 문장	

오늘 쓴 글 어때? 마음에 들어?

년   월   일   요일

미션 3 ▶ 나만의 이야기로 새롭게 바꿔 써 보아요.

어느 날, 동생이 _____ 을/를 먹고 엉덩이에 힘을 주자

'뿌웅' 하고 방귀가 나왔어.

"오잉? 방귀 냄새가 왜 이리 _____ ?"

미션 4 ▶ 바꿔 쓴 이야기에 재미있는 제목을 붙여 주세요.

14 의좋은 형제

미션 1 ▶ 동화 속 명장면을 또박또박 함께 읽어요.

형은 아우에게 쌀이 더 필요하다고 생각했어.

'아우에게 쌀가마니를 더 준다고 하면 받지 않겠지?'

형은 고민하다가 늦은 밤, 살그머니 아우의 집에 쌀가마니를 옮겨다 두었어. 하지만 그런 생각을 하는 건 아우도 매한가지였어.

'형님이 가족도 많으니 쌀이 더 필요하실 거야.'

잠자리에 들었던 아우는 벌떡 일어나 쌀가마니를 형님 집에다 옮겨 놓았어.

다음 날 아침, 형제는 깜짝 놀랐어. 쌀가마니가 처음 나누었던 그대로 똑같이 쌓여 있었거든.

'이상하다. 오늘 밤 다시 옮겨야겠다.'

형과 아우는 밤이 되기를 기다렸어.

미션 2 ▶ 인상 깊은 문장을 골라 따라 써요.

은경쌤이 고른 문장	쌀가마니를 형님 집에다 옮겨 놓았어.
내가 고른 문장	

오늘 쓴 글 어때? 마음에 들어?
★★★★★

년   월   일   요일

미션 3 ▶ 나만의 이야기로 새롭게 바꿔 써 보아요.

☐ 은/는 ☐ 에게 ☐ 이/가

더 필요하다고 생각했어.

미션 4 ▶ 바꿔 쓴 이야기에 재미있는 제목을 붙여 주세요.

15 우렁각시

미션 1 ▶ 동화 속 명장면을 또박또박 함께 읽어요.

　이상하게도 총각이 일을 마치고 집에 돌아올 때마다 집 안은 말끔히 청소되어 있고 맛있는 밥상이 차려져 있었어.
　"도대체 누구지?"
　다음 날, 총각은 일을 나가는 척하며 나무 뒤에 몰래 숨어 집 안을 들여다봤어. 잠시 후, 물을 담아 놓은 항아리에서 예쁜 색시가 쏙 나오는 게 아니겠어? 색시는 밥을 지어 밥상을 차리고, 집 안 곳곳을 청소했어. 그러고는 다시 항아리 속으로 들어가려고 했지.
　"잠깐 멈추어요!"
　총각은 색시의 손목을 꼭 붙들었어.
　"도대체 뉘시길래 이렇게 나를 도와준단 말이오?"
　"저는 당신이 주워 온 우렁이에서 나왔어요."

미션 2 ▶ 인상 깊은 문장을 골라 따라 써요.

은경쌤이 고른 문장	다시 항아리 속으로 들어가려고 했지.
내가 고른 문장	

오늘 쓴 글 어때? 마음에 들어?

년   월   일   요일

미션 3 ▶ 나만의 이야기로 새롭게 바꿔 써 보아요.

이상하게도 _____ 이/가 일을 마치고 집에 돌아올 때 마다 집 안은 _____ 있었지.

미션 4 ▶ 바꿔 쓴 이야기에 재미있는 제목을 붙여 주세요.

16 쇠를 먹는 불가사리

미션 1 ▶ 동화 속 명장면을 또박또박 함께 읽어요.

불가사리는 눈에 보이는 대로 쇠붙이를 먹기 시작했어. 숟가락, 젓가락, 못, 낫, 호미……. 쥐만 하던 불가사리는 고양이만 하게 커졌어.

"배고파. 쇠를 더 먹고 싶어."

불가사리는 문밖으로 나가 집 안을 어슬렁거렸어. 쟁기, 도끼, 괭이……. 보이는 대로 족족 먹어 치웠지. 불가사리의 몸이 송아지만 하게 커졌어. 집 안에는 더 먹을 쇠붙이가 보이지 않았어.

"배고파. 쇠를 더 먹고 싶은데."

불가사리는 집 밖으로 나가 또다시 쇠붙이를 먹기 시작했어. 가마솥, 쇠문, 쇠창살, 쇠 말뚝……. 쇠붙이란 쇠붙이는 모조리 먹어 치웠지. 불가사리는 이제 황소만큼 몸집이 커졌어.

불가사리는 쇠를 찾아 점점 더 멀리까지 갔어.

미션 2 ▶ 인상 깊은 문장을 골라 따라 써요.

은경쌤이 고른 문장	보이는 대로 족족 먹어 치웠지.
내가 고른 문장	

오늘 쓴 글 어때? 마음에 들어?

년   월   일   요일

미션 3 ▶ 나만의 이야기로 새롭게 바꿔 써 보아요.

불가사리는 눈에 보이는 대로 [   ] 을/를 먹기 시작했어.

[   ]

쥐만 하던 불가사리는 [   ] 만하게 커졌어.

[   ]

[   ]

미션 4 ▶ 바꿔 쓴 이야기에 재미있는 제목을 붙여 주세요.

17 소가 된 게으름뱅이

미션 1 ▶ 동화 속 명장면을 또박또박 함께 읽어요.

    일하기 싫어하던 게으름뱅이는 소머리 탈을 만드는 할아버지를 만났어. 탈을 쓰면 평생 일하지 않아도 편히 살 수 있다지 뭐야.
    게으름뱅이는 조심조심 소 탈을 얼굴에 갖다 댔어. 그러자 탈이 얼굴에 쩍 달라붙는 거야. 놀란 게으름뱅이가 탈을 떼어 내려 했지만 떨어지지 않았어.
    '사람 살려. 탈 좀 벗겨 주세요!'
    게으름뱅이가 소리쳤지만 나오는 소리라고는 '음매 음매' 하는 소리뿐이었지. 게으름뱅이의 몸은 점점 구부정해지더니 온몸에 누런 털이 덮였어. 누가 봐도 영락없는 소가 되어 버린 거야.
    "자, 네가 원하던 대로 소가 되었구나. 슬슬 일하러 가 볼까?"
    할아버지는 소가 된 게으름뱅이를 데리고 시장으로 갔어.

미션 2 ▶ 인상 깊은 문장을 골라 따라 써요.

은경쌤이 고른 문장	탈이 얼굴에 쩍 달라붙는 거야.
내가 고른 문장	

오늘 쓴 글 어때? 마음에 들어?

년   월   일   요일

미션 3 ▶ 나만의 이야기로 새롭게 바꿔 써 보아요.

일하기 싫어하던 ☐ 은/는 ☐ 을/를

만드는 할아버지를 만났어.

미션 4 ▶ 바꿔 쓴 이야기에 재미있는 제목을 붙여 주세요.

18 소금을 만드는 맷돌

미션 1 ▶ 동화 속 명장면을 또박또박 함께 읽어요.

　요술 맷돌은 원하는 건 뭐든지 만들어 낼 수 있었어. 그 사실을 알게 된 영감은 궁궐에 몰래 숨어들었지.
　마침내 맷돌을 훔친 영감은 사람들이 쫓아오지 못하도록 배를 타고 바다로 나갔어.
　"이제 맷돌은 내 거야. 슬슬 맷돌을 돌려 볼까? 소금 나와라, 소금!"
　영감의 말에 맷돌에서 소금이 쏟아져 나왔어. 귀한 소금이 흘러나오자 영감은 신이 나서 계속해서 맷돌을 돌렸지. 소금은 배 안에 가득 쌓였고 배는 기우뚱하더니 한쪽으로 기울어 점점 가라앉았어.
　영감은 너무 놀라 맷돌을 멈추는 주문을 잊어버리고 말았어. 결국 바닷속 깊숙이 가라앉은 맷돌은 지금도 쉬지 않고 돌며 소금을 만들어 내고 있다지? 그래서 바닷물이 짠 거래.

미션 2 ▶ 인상 깊은 문장을 골라 따라 써요.

은경쌤이 고른 문장	멈추는 주문을 잊어버리고 말았어.
내가 고른 문장	

오늘 쓴 글 어때? 마음에 들어?

　　　　　　　　　　　　　　년　월　일　요일

미션 3 ▶ 나만의 이야기로 새롭게 바꿔 써 보아요.

　　　　　　　　　　은/는 원하는 건 뭐든지 만들어 낼 수 있었어.

그 사실을 알게 된 　　　　　　　은/는 궁궐에 몰래 숨어들었지.

미션 4 ▶ 바꿔 쓴 이야기에 재미있는 제목을 붙여 주세요.

19 선녀와 나무꾼

미션 1 ▶ 동화 속 명장면을 또박또박 함께 읽어요.

    나무꾼 덕분에 목숨을 구한 사슴은 나무꾼에게 소원을 하나 말해 보라고 했어.

    "늙은 어머니께서 돌아가시기 전에 색시를 얻어 장가를 가는 게 소원이라면 소원이란다."

    사슴은 좋은 방법이 있다며 이야기를 시작했어.

    "내일 밤 산꼭대기에 올라가 보셔요. 선녀들이 목욕하러 연못으로 내려올 거랍니다. 그때, 벗어 놓은 선녀 옷 한 벌을 감추세요."

    나무꾼은 사슴의 말을 귀 기울여 들었지.

    "옷이 없어 하늘로 돌아가지 못하는 선녀를 색시로 맞이하셔요. 단, 선녀가 아이 넷을 낳기 전에는 절대 선녀 옷을 돌려주어서는 안 됩니다. 명심하셔요."

미션 2 ▶ 인상 깊은 문장을 골라 따라 써요.

은경쌤이 고른 문장	사슴의 말을 귀 기울여 들었지.
내가 고른 문장	

오늘 쓴 글 어때? 마음에 들어?

년　월　일　요일

미션 3 ▶ 나만의 이야기로 새롭게 바꿔 써 보아요.

　　나무꾼 덕분에 목숨을 구한 [　　　　]은/는 나무꾼에게 소원을 하나 말해 보라고 했어.

미션 4 ▶ 바꿔 쓴 이야기에 재미있는 제목을 붙여 주세요.

61

20 냄새 맡은 값

미션 1 ▶ 동화 속 명장면을 또박또박 함께 읽어요.

어느 날, 생선 굽는 고소한 냄새가 부잣집 담장 너머에서 솔솔 풍겨 나왔어.

"냄새 한번 맛나구나."

마침 길을 지나던 농부는 배가 고파 코를 벌렁거리며 생선 냄새를 흠뻑 맡았지.

"아니, 어떤 놈이 내 생선 냄새를 공짜로 맡는 것이냐?"

부잣집 영감의 불호령에 농부는 깜짝 놀라 눈만 껌벅껌벅했어.

"내 귀한 생선 냄새를 맡았으면 당연히 값을 치르고 가야지. 냄새 맡은 값으로 열 냥을 내놓아라, 이놈아!"

기세등등한 영감의 고함에 농부는 저도 모르게 내일까지 열 냥을 준비해 오겠다고 말하고 말았어.

미션 2 ▶ 인상 깊은 문장을 골라 따라 써요.

은경쌤이 고른 문장	"생선 냄새를 공짜로 맡는 것이냐?"
내가 고른 문장	

년　월　일　요일

미션 3 ▶ **나만의 이야기로 새롭게 바꿔 써 보아요.**

어느 날, _____ 냄새가 부잣집 담장 너머에서 솔솔 풍겨 나오고 있었어.

미션 4 ▶ **바꿔 쓴 이야기에 재미있는 제목을 붙여 주세요.**

은경쌤과 함께 하는 속담 퀴즈

1. _____ 이 서 말이라도 꿰어야 보배다.

2. 물독에 빠진 _____ 같다.

3. 친구 따라 _____ 간다.

4. _____ 날자 배 떨어진다.

5. _____ 으로 공든 탑 무너진다.

정답 1. 구슬 2. 생쥐 3. 강남 4. 까마귀 5. 개미구멍

년   월   일   요일

아무리 글쓰기가 재미있어도 잠시 쉬어 갈까요?

6. _____도 구르는 재주가 있다.

7. 믿는 도끼에 _____ 찍힌다.

8. 콩 심은 데 콩 나고 _____ 심은 데 _____ 난다.

9. 닭 잡아먹고 _____ 내민다.

10. 호랑이에게 물려 가도 _____ 만 차리면 산다.

속담 퀴즈 2라운드, 즐거웠나요?
우리는 열 편의 글을 더 쓰고 난 뒤, 3라운드에서 만나요!

정답 6. 콩쥐팥쥐 7. 발등 8. 팥 9. 오리발 10. 정신

21 이상한 샘물

미션 1 ▶ 동화 속 명장면을 또박또박 함께 읽어요.

목이 말랐던 할아버지는 퐁퐁 솟아나는 샘물을 한 움큼 떠서 꿀꺽꿀꺽 마셨어. 샘물을 마셨더니 갑자기 잠이 쏟아지는 거야.

"시원하니 나무 밑에서 잠깐 자고 가야겠네."

드르렁 쿨쿨, 드르렁 쿨쿨.

그런데 이상한 일이 일어났어.

한참을 자다가 깨어난 할아버지의 몸이 이상하게 가벼웠지. 언제나 쑤시던 무릎이며 어깨가 하나도 아프지 않았어.

"아이쿠, 벌써 저녁이 다 되었네. 집에서 할멈이 기다리겠구먼. 얼른 가야겠다."

할아버지는 나무를 가득 실은 지게를 지고서도 무거운 줄 모르고 뛰듯이 산 아래로 내려갔어.

미션 2 ▶ 인상 깊은 문장을 골라 따라 써요.

은경쌤이 고른 문장	한 움큼 떠서 꿀꺽꿀꺽 마셨어.
내가 고른 문장	

오늘 쓴 글 어때? 마음에 들어?

년   월   일   요일

미션 3 ▶ 나만의 이야기로 새롭게 바꿔 써 보아요.

목이 말랐던 _____ 은/는 퐁퐁 솟아나는 샘물을 한 움큼 떠

서 꿀꺽꿀꺽 마셨어. 샘물을 마셨더니 _____

미션 4 ▶ 바꿔 쓴 이야기에 재미있는 제목을 붙여 주세요.

22 떡 먹기 내기

미션 1 ▶ 동화 속 명장면을 또박또박 함께 읽어요.

모든 내기에서 진 호랑이는 속이 부글부글 끓었어.

"그러지 말고 마지막 내기로 결정을 하자. 산꼭대기에서 굴린 떡시루를 가장 먼저 차지하면 떡을 다 먹는 거야."

달리기에 자신 있는 호랑이가 말했어.

"자, 준비되었지? 굴린다!"

데굴데굴 굴러가는 떡시루를 보며 호랑이는 쏜살같이 달렸어. 토끼도 질 수 없다는 듯이 재빠르게 뛰어갔지. 그 모습을 보며 두꺼비는 울상을 지었어.

'나는 달리기를 잘하지 못하는걸.'

호랑이와 토끼는 떡시루를 먼저 받을 생각에 벌써 저만큼 아래로 내려가 버렸어. 그런데 떡시루가 산 중턱에서 걸려 버렸네?

미션 2 ▶ 인상 깊은 문장을 골라 따라 써요.

은경쌤이 고른 문장	호랑이는 속이 부글부글 끓었어.
내가 고른 문장	

오늘 쓴 글 어때? 마음에 들어?

년   월   일   요일

미션 3 ▶ 나만의 이야기로 새롭게 바꿔 써 보아요.

모든 내기에서 진 _____ 은/는 속이 부글부글 끓었어.

"그러지 말고 마지막 내기로 결정을 하자. _____

_____ 다 먹는 거야."

미션 4 ▶ 바꿔 쓴 이야기에 재미있는 제목을 붙여 주세요.

23 팥죽할멈과 호랑이

미션 1 ▶ 동화 속 명장면을 또박또박 함께 읽어요.

동짓날이 되어 호랑이는 할머니를 찾아왔어.

"따뜻한 아궁이 앞에서 팥죽을 먼저 먹으렴."

할머니 말에 호랑이는 부엌으로 갔지. 바로 그때, 아궁이 속에 숨어 있던 알밤이 톡 하고 튀며 호랑이의 눈을 때렸어. 눈이 따가웠던 호랑이는 물 항아리로 갔지. 그 틈을 놓치지 않고 물 항아리 속에 있던 자라가 호랑이 코를 꽉 깨물었어.

"아이고, 내 코! 호랑이 살려!"

놀라 뒷걸음질 치던 호랑이는 바닥에서 기다리던 송곳에 콱 찔리고 말았어. 도망치려던 호랑이 위로 맷돌이 쾅 떨어졌고, 호랑이는 비틀비틀하다 마당에 깔린 멍석 위로 넘어졌지. 지게는 멍석에 둘둘 말린 호랑이를 지고 강물에 빠뜨려 버렸어.

미션 2 ▶ 인상 깊은 문장을 골라 따라 써요.

은경쌤이 고른 문장	기다리던 송곳에 콱 찔리고 말았어.
내가 고른 문장	

오늘 쓴 글 어때? 마음에 들어?

년   월   일   요일

미션 3 ▶ 나만의 이야기로 새롭게 바꿔 써 보아요.

동짓날이 되어 [　　　]은/는 할머니를 찾아왔어.

"따뜻한 아궁이 앞에서 [　　　]을/를 먼저 먹으렴."

미션 4 ▶ 바꿔 쓴 이야기에 재미있는 제목을 붙여 주세요.

24 혹부리 영감

미션 1 ▶ 동화 속 명장면을 또박또박 함께 읽어요.

'최 영감이 혹도 떼고, 금은보화도 얻었단 말이지?'

욕심쟁이 김 영감은 혹을 떼고 온 최 영감이 알려 준 숲속 나무 집을 찾아갔어. 그러고는 큰 소리로 노래를 불렀지. 그 소리에 도깨비들이 몰려왔어.

"도깨비님, 제 노래 주머니를 팔려고 이렇게 왔습니다."

김 영감은 목에 난 혹을 살살 어루만지며 도깨비에게 노래 주머니를 사라고 말했어.

"이런 고얀 놈! 감히 우리를 또 속이려 들어?"

도깨비들은 버럭 화를 내며 지난번에 샀던 최 영감의 혹까지 김 영감 목에 찰싹 붙여 버렸지.

"아이구, 이게 무슨 일이람. 엉엉."

미션 2 ▶ 인상 깊은 문장을 골라 따라 써요.

은경쌤이 고른 문장	김 영감 목에 찰싹 붙여 버렸지.
내가 고른 문장	

오늘 쓴 글 어때? 마음에 들어?

년   월   일   요일

미션 3 ▶ 나만의 이야기로 새롭게 바꿔 써 보아요.

'최 영감이   얻었단 말이지?'

욕심쟁이 김 영감은   온 최 영감이 알려 준

         을 찾아갔어.

미션 4 ▶ 바꿔 쓴 이야기에 재미있는 제목을 붙여 주세요.

25 옹고집

미션 1 ▶ 동화 속 명장면을 또박또박 함께 읽어요.

    화가 난 스님들은 옹고집을 혼내 주기로 했어. 지푸라기를 모아 사람 모양을 만들고 주문을 외우니 지푸라기 인형은 옹고집과 똑같은 모습으로 변했지 뭐야.

    "도대체 누가 진짜 주인 나리이지?"

    집안의 하인들은 물론이고 가족들까지도 진짜 옹고집과 가짜 옹고집을 구분할 수가 없었어. 둘은 생김새도, 목소리도 똑같았거든.

    "수십 년을 함께 살고도 몰라본단 말이냐? 내가 진짜다!"

    진짜 옹고집이 말했지.

    "이런 가짜 놈이 뭐라는 게냐? 내가 진짜란 말이다."

    가짜 옹고집도 펄쩍 뛰며 자신이 진짜라고 소리쳤어. 화가 난 두 옹고집은 사또에게 가서 누가 진짜인지 판결을 내려 달라고 했어.

미션 2 ▶ 인상 깊은 문장을 골라 따라 써요.

은경쌤이 고른 문장	생김새도, 목소리도 똑같았거든.
내가 고른 문장	

오늘 쓴 글 어때? 마음에 들어?

　　　　　　　　　년　월　일　요일

미션 3 ▶ 나만의 이야기로 새롭게 바꿔 써 보아요.

화가 난 _____ 은/는 옹고집을 혼내 주기로 했어.

_____ 을/를 모아 사람 모양으로 만들고 주문을 외우니

_____

_____

_____

미션 4 ▶ 바꿔 쓴 이야기에 재미있는 제목을 붙여 주세요.

26 바보 온달과 평강 공주

미션 1 ▶ 동화 속 명장면을 또박또박 함께 읽어요.

　마침내, 공주는 온달과 혼인하였어. 궁을 나올 때 가지고 온 돈으로 집과 땅을 사고 번듯한 살림살이도 갖추었지.

　"온달 님, 장에 가서 말을 한 필 사 오세요. 건강한 말이 아닌 궁에서 버려진 병든 말로 골라 오십시오."

　온달이 사 온 병든 말을 공주는 정성스레 먹였어. 궁에서 훈련을 받았던 말이라 금세 훌륭한 모습으로 다시 돌아왔지.

　"이제부터 서방님은 글공부를 하셔요. 무예도 익히시고요."

　평강 공주의 말대로 온달은 말을 타고 활을 쏘며 무예를 익히고 글공부도 열심히 하였지. 바보라고 불리던 온달은 온데간데없고 늠름한 청년이 되어 갔어.

　이제는 누구도 온달을 바보라고 부르지 않았지.

미션 2 ▶ 인상 깊은 문장을 골라 따라 써요.

은경쌤이 고른 문장	온달을 바보라고 부르지 않았지.
내가 고른 문장	

오늘 쓴 글 어때? 마음에 들어?

년　　월　　일　　요일

미션 3 ▶ 나만의 이야기로 새롭게 바꿔 써 보아요.

마침내, 공주는 _____ 와/과 혼인하였어. 궁을 나올 때

가지고 온 돈으로 _____

미션 4 ▶ 바꿔 쓴 이야기에 재미있는 제목을 붙여 주세요.

27 진주를 삼킨 거위

미션 1 ▶ 동화 속 명장면을 또박또박 함께 읽어요.

주막 주인은 진주가 없어지자 초라한 모습의 선비를 의심했어.

"혹시 근처에서 진주를 보지 못했소?"

선비는 거위가 진주를 삼킨 것을 알았지만 바로 이야기했다가는 주인이 당장이라도 거위를 죽일 것만 같았어.

"아니요, 나는 보지 못했습니다."

선비가 거짓말을 한다고 생각해 화가 난 주인은 선비를 꽁꽁 묶고 날이 밝으면 관아로 가자고 고함을 쳤지.

"알겠소, 그럼 거위나 내 옆에 묶어 주십시오."

선비는 태연한 얼굴로 말했지.

다음 날 아침, 마당으로 나간 주인은 깜짝 놀랐어. 거위의 똥 속에서 뭔가 반짝반짝 빛이 나고 있었거든.

미션 2 ▶ 인상 깊은 문장을 골라 따라 써요.

은경쌤이 고른 문장	초라한 모습의 선비를 의심했어.
내가 고른 문장	

오늘 쓴 글 어때? 마음에 들어?

년   월   일   요일

미션 3 ▶ 나만의 이야기로 새롭게 바꿔 써 보아요.

주막 주인은 _____ 이/가 없어지자 초라한 모습의

_____ 을/를 의심했어.

미션 4 ▶ 바꿔 쓴 이야기에 재미있는 제목을 붙여 주세요.

28 장승 재판

미션 1 ▶ 동화 속 명장면을 또박또박 함께 읽어요.

마을 어귀에 있는 장승을 데려다가 재판을 하다니. 사람들은 재미난 구경거리가 생겼다면서 몰려들었어.

"네 옆에 있던 비단을 누가 가져갔느냐?"

원님은 장승을 향해 소리쳤어. 하지만 장승이 대답할 리가 있나?

"대답을 못 하는 것을 보니 네놈이 도둑이렷다."

원님은 장승을 곤장으로 치라고 했고 그 모습을 본 사람들은 배꼽을 잡고 깔깔거렸어.

"재판하는데 감히 웃는 놈들이 누구냐? 지금 웃었던 자들을 당장 잡아들여라."

원님은 웃었던 사람들을 감옥에 가두고 비단을 한 필씩 구해 오면 풀어 주겠다고 했어.

미션 2 ▶ 인상 깊은 문장을 골라 따라 써요.

은경쌤이 고른 문장	사람들은 배꼽을 잡고 깔깔거렸어.
내가 고른 문장	

오늘 쓴 글 어때? 마음에 들어?
★ ★ ★ ★ ★

　　년　　월　　일　　요일

미션 3 ▶ 나만의 이야기로 새롭게 바꿔 써 보아요.

　　마을 _____ 을/를 데려다가 재판을 하다니. 사람들은 재미난 구경거리가 생겼다면서 몰려들었어.

미션 4 ▶ 바꿔 쓴 이야기에 재미있는 제목을 붙여 주세요.

29 개와 고양이와 구슬

미션 1 ▶ 동화 속 명장면을 또박또박 함께 읽어요.

　개와 고양이는 집으로 돌아가기 위해 다시 강가로 갔어. 고양이는 구슬을 입에 물고 개 등에 올라탔지.

　"구슬 꽉 물고 절대 떨어뜨리면 안 돼!"

　개는 헤엄을 치면서도 고양이가 구슬을 떨어뜨릴까 봐 걱정이 되어 말하고 또 말했어.

　"구슬은 잘 가지고 있는 거지?"

　고양이는 고개만 끄덕였지.

　"아니, 왜 대답이 없어? 빠트린 거야, 설마?"

　고양이는 참다 참다 대답했지.

　"잘 가지고 있다고!"

　순간 고양이 입에 있던 구슬이 강물에 풍덩 빠져 버렸어.

미션 2 ▶ 인상 깊은 문장을 골라 따라 써요.

은경쌤이 고른 문장	"구슬은 잘 가지고 있는 거지?"
내가 고른 문장	

오늘 쓴 글 어때? 마음에 들어?
★★★★★

년   월   일   요일

미션 3 ▶ 나만의 이야기로 새롭게 바꿔 써 보아요.

☐ 와/과 ☐ 은/는 집으로 돌아가기 위해 다시 강가로 갔어.

미션 4 ▶ 바꿔 쓴 이야기에 재미있는 제목을 붙여 주세요.

개와 고양이와 구슬

30 독장수 구구

미션 1 ▶ 동화 속 명장면을 또박또박 함께 읽어요.

무거운 독을 메고 팔러 다니는 것은 쉬운 일이 아니었어.

"좀 쉬었다 가야겠구나."

독장수는 독을 실은 지게를 바닥에 세워 놓고 벌렁 누웠어.

'독 한 개를 팔면 두 개를 살 수 있고, 두 개를 팔면 네 개를 살 수 있겠지? 그다음에는 여덟 개, 열여섯 개…….'

독의 수는 자꾸 늘어 갔어.

'킥킥킥, 이러다가 엄청난 부자가 되겠는걸.'

독장수는 벌써 부자가 된 듯 웃음이 실실 새어 나왔어. 즐거운 상상을 끝내고 일어나 기지개를 쭉 켜는데, 그만 지게를 세운 작대기를 툭 치고 말았지 뭐야.

데구루루, 쿵.

미션 2 ▶ 인상 깊은 문장을 골라 따라 써요.

은경쌤이 고른 문장	'이러다가 엄청난 부자가 되겠는걸.'
내가 고른 문장	

오늘 쓴 글 어때? 마음에 들어?

년   월   일   요일

미션 3 ▶ 나만의 이야기로 새롭게 바꿔 써 보아요.

[　　　　　　　] 팔러 다니는 것은 쉬운 일이 아니었어.

"좀 쉬었다 가야겠구나."

미션 4 ▶ 바꿔 쓴 이야기에 재미있는 제목을 붙여 주세요.

은경쌤과 함께 하는 속담 퀴즈

1. 꾸어다 놓은 _____

2. 밤말은 쥐가 듣고 낮말은 _____가 듣는다.

3. 털어서 _____ 안 나는 사람 없다.

4. 물에 빠진 놈 건져 놓으니 _____ 내놓으라 한다.

5. _____에 콩 볶아 먹겠다.

년   월   일   요일
아무리 글쓰기가 재미있어도 잠시 쉬어 갈까요?

6. 냉수 먹고 _____ 쑤시기.

7. 방귀가 잦으면 _____이 나온다.

8. _____ 범 무서운 줄 모른다.

9. _____ 한 마리가 온 웅덩이를 흐려 놓는다.

10. 울며 _____ 먹기

속담 퀴즈 3라운드, 즐거웠나요?
우리는 열 편의 글을 더 쓰고 난 뒤, 4라운드에서 만나요!

정답 6. 이, 7. 똥, 8. 하룻강아지 9. 미꾸라지 10. 겨자

31 홍길동

미션 1 ▶ 동화 속 명장면을 또박또박 함께 읽어요.

홍길동은 가난한 백성을 돕는 활빈당을 만들었어.

"백성들을 괴롭히는 못된 관리들을 혼내 주고 가난한 백성들을 도와줍시다!"

홍길동은 백성들에게서 빼앗은 재물로 저 혼자만 잘 먹고 잘사는 탐관오리를 찾아가 곳간의 쌀이며 돈을 몽땅 훔쳐다가 가난한 이들에게 나누어 주었어.

홍길동은 도술을 부려 자기와 똑같은 사람을 여럿 더 만들어 냈어.

"곳곳으로 흩어져 나쁜 관리들을 혼내 주거라."

여러 명의 홍길동은 순식간에 동으로, 서로 흩어졌어.

나쁜 관리들에게서 재물을 훔치고, 그 자리에 '활빈당 홍길동'이라는 종이를 남겨 두었대.

미션 2 ▶ 인상 깊은 문장을 골라 따라 써요.

은경쌤이 고른 문장	"가난한 백성들을 도와줍시다!"
내가 고른 문장	

오늘 쓴 글 어때? 마음에 들어?

년   월   일   요일

미션 3 ▶ **나만의 이야기로 새롭게 바꿔 써 보아요.**

홍길동은 _____ 을/를 돕는 _____ 을/를

만들었어.

미션 4 ▶ **바꿔 쓴 이야기에 재미있는 제목을 붙여 주세요.**

3 2 임금님 귀는 당나귀 귀

미션 1 ▶ 동화 속 명장면을 또박또박 함께 읽어요.

　　노인은 점점 답답해졌어. 임금님 귀가 당나귀 귀라고 누구에게도 말할 수가 없으니 속에 병이 생긴 거지.

　　노인은 끙끙 앓아누웠어.

　　'도저히 안 되겠다. 이러다가는 사람 잡겠구나.'

　　노인은 자리에서 일어나 사람이 아무도 없는 대나무 숲으로 갔어.

　　"거기 누구 없소? 아무도 없소?"

　　숲 한가운데서 노인은 행여나 누가 있을까 걱정되어 이리 살피고 저리 살폈지.

　　"아무도 없는 모양이구나. 그렇다면······."

　　노인은 두 손을 입 앞에 가져다 대고 배에 힘을 주고 소리쳤지.

　　"임금님 귀는 당나귀 귀! 임금님 귀는 당나귀 귀!"

미션 2 ▶ 인상 깊은 문장을 골라 따라 써요.

은경쌤이 고른 문장	"임금님 귀는 당나귀 귀!"
내가 고른 문장	

오늘 쓴 글 어때? 마음에 들어?

★★★★★

년   월   일   요일

미션 3 ▶ 나만의 이야기로 새롭게 바꿔 써 보아요.

　　노인은 점점 답답해졌어. 임금님

라고 누구에게도 말할 수가 없으니 속에 병이 생긴 거지.

미션 4 ▶ 바꿔 쓴 이야기에 재미있는 제목을 붙여 주세요.

33 금도끼 은도끼

미션 1 ▶ 동화 속 명장면을 또박또박 함께 읽어요.

　도끼를 잃어버린 나무꾼이 서글프게 울고 있었어. 그때, 연못에서 하얀 옷을 입은 산신령이 나타났어.

"어찌하여 이토록 슬프게 울고 있느냐?"

"하나밖에 없는 도끼를 연못에 빠뜨리고 말았습니다."

　나무꾼의 말을 들은 산신령은 연못으로 들어가더니 도끼 세 자루를 가지고 다시 나타났어.

"이 도끼가 네 도끼냐?"

반짝반짝 빛나는 금도끼였지.

"아닙니다. 제 도끼는 그렇게 값비싼 금도끼가 아닙니다."

"그럼 이 도끼가 네 도끼더냐?"

"아닙니다. 그 은도끼도 제 것이 아닙니다."

미션 2 ▶ 인상 깊은 문장을 골라 따라 써요.

은경쌤이 고른 문장	"이 도끼가 네 도끼냐?"
내가 고른 문장	

오늘 쓴 글 어때? 마음에 들어?
★★★★★

년   월   일   요일

미션 3 ▶ 나만의 이야기로 새롭게 바꿔 써 보아요.

　　　　[   ] 을/를 잃어버린 [   ] 이/가 서글프게
울고 있었어. 그때, 연못에서 하얀 옷을 입은 산신령이 나타났어.

미션 4 ▶ 바꿔 쓴 이야기에 재미있는 제목을 붙여 주세요.

34 방귀쟁이 며느리

미션 1 ▶ 동화 속 명장면을 또박또박 함께 읽어요.

　며느리의 얼굴이 점점 흙빛이 되어 가자 시아버지는 편하게 방귀를 뀌라고 말했어.

　"아버님, 그럼 나무 기둥을 꽉 잡으셔요."

　며느리는 시집와 몇 달간 참아 왔던 방귀를 뀌기 시작했어.

　부우웅, 뿡뿡, 빵빵.

　며느리 엉덩이에서 방귀가 쉴 새 없이 터져 나왔어. 그런데 이 방귀가 보통 방귀가 아닌 거라. 나무 기둥을 잡고 있던 아버지는 붕 날아가 옆집 지붕 위에 떨어지고, 솥뚜껑을 잡고 있던 어머니는 솥뚜껑과 함께 마을 어귀까지 날아갔지 뭐야. 신랑은 하늘로 붕 떠올랐다가 집 앞 제일 높은 나무 꼭대기에 걸렸어.

　"아이고, 맙소사. 방귀 두 번만 뀌었다간 집이 몽땅 날아가겠구나."

미션 2 ▶ 인상 깊은 문장을 골라 따라 써요.

은경쌤이 고른 문장	방귀가 쉴 새 없이 터져 나왔어.
내가 고른 문장	

오늘 쓴 글 어때? 마음에 들어?

년   월   일   요일

미션 3 ▶ 나만의 이야기로 새롭게 바꿔 써 보아요.

☐☐☐☐의 얼굴이 점점 흙빛이 되어 가자 ☐☐☐☐
은/는 편하게 방귀를 뀌라고 말했어.

미션 4 ▶ 바꿔 쓴 이야기에 재미있는 제목을 붙여 주세요.

35 송아지와 바꾼 무

미션 1 ▶ 동화 속 명장면을 또박또박 함께 읽어요.

"무 하나를 바치고 송아지가 생겼다고? 그렇다면 난 송아지를 갖다 드려야겠다. 그럼 도대체 무엇을 주실꼬?"

욕심쟁이 농부는 벌써 집이라도 받은 양 흐뭇하게 웃었어.

"사또, 제가 키우는 송아지옵니다. 어찌나 튼튼하게 잘 자라는지 사또께 꼭 드리고 싶어 찾아왔습지요."

사또는 송아지를 받지 않으려 했지만 막무가내인 욕심쟁이 농부를 말릴 수가 없었어.

"이렇게 귀한 송아지를 선물로 받았으니 나는 무엇으로 보답을 하면 좋으려나?"

보답이라는 사또의 말에 욕심쟁이 농부는 한껏 기대에 들떴어.

"여봐라. 지난번 받았던 귀한 무를 당장 가지고 오너라."

미션 2 ▶ 인상 깊은 문장을 골라 따라 써요.

은경쌤이 고른 문장	욕심쟁이 농부는 한껏 기대에 들떴어.
내가 고른 문장	

오늘 쓴 글 어때? 마음에 들어?

년　월　일　요일

미션 3 ▶ 나만의 이야기로 새롭게 바꿔 써 보아요.

"무 하나를 바치고 _____ 이/가 생겼다고? 그렇다면 난 _____ 을/를 갖다 드려야겠다. 그럼 도대체 무엇을 주실꼬?"

미션 4 ▶ 바꿔 쓴 이야기에 재미있는 제목을 붙여 주세요.

97

36 신기한 독

미션 1 ▶ 동화 속 명장면을 또박또박 함께 읽어요.

    신기한 독을 본 원님은 독을 갖고 싶은 욕심이 들었어.

    "이것을 둘로 나눌 수도 없으니 내가 보관하도록 하겠다."

    땅 주인과 농부는 억울했지만 원님의 말을 어길 수가 없어 터덜터덜 집으로 돌아갔어.

    '이리도 신기한 독이 다 있나? 여기에 무엇을 넣을까?'

    즐거운 고민에 빠진 원님 뒤로 원님의 아버지가 다가왔어.

    "독에 무엇이 들었길래 여기에 둔 것이냐?"

    원님의 아버지는 독을 들여다보다 그만 독 안에 빠져 버렸지 뭐야. 깜짝 놀란 원님이 얼른 아버지를 독에서 꺼냈어. 바로 그때였어.

    "아니, 나를 꺼내 주지 않고 무엇 하느냐?"

    독 안에서 원님의 아버지가 꺼내 달라고 소리를 치지 않겠어?

미션 2 ▶ 인상 깊은 문장을 골라 따라 써요.

은경쌤이 고른 문장	"나를 꺼내 주지 않고 무엇 하느냐?"
내가 고른 문장	

오늘 쓴 글 어때? 마음에 들어?

년   월   일   요일

미션 3 ▶ 나만의 이야기로 새롭게 바꿔 써 보아요.

신기한 _____ 을/를 본 원님은 _____ 을/를

갖고 싶은 욕심이 들었어.

미션 4 ▶ 바꿔 쓴 이야기에 재미있는 제목을 붙여 주세요.

신기한 독

37 재주꾼 오 형제

미션 1 ▶ 동화 속 명장면을 또박또박 함께 읽어요.

　나뭇단 쌓기 내기에서도 오 형제가 이겼어. 약이 바짝 오른 호랑이들은 나뭇단에 불을 붙였어. 차곡차곡 쌓인 나무에 불이 잘도 붙었지.
　"어흥! 요 녀석들아, 이번에야말로 꼼짝할 수 없겠지?"
　호랑이들은 오 형제를 이겼다며 좋아했어.
　쏴아. 그때, 나뭇단 꼭대기에서 오줌손이가 오줌을 누기 시작했어. 콸콸 쏟아지는 오줌에 불은 순식간에 꺼지고 그 자리에는 오줌 호수까지 생겨 버렸어.
　"어이구, 지린내야. 어이구, 호랑이 살려!"
　호랑이들은 오줌 호수에서 허우적대며 소리쳤어. 오 형제는 배를 끌고 다니는 배손이의 배에 얼른 올라탔어. 그러고는 콧김손이가 엄청나게 차가운 콧바람을 날렸지.

미션 2 ▶ 인상 깊은 문장을 골라 따라 써요.

은경쌤이 고른 문장	오줌 호수에서 허우적대며 소리쳤어.
내가 고른 문장	

오늘 쓴 글 어때? 마음에 들어?

★★★★★

년   월   일   요일

미션 3 ▶ **나만의 이야기로 새롭게 바꿔 써 보아요.**

내기에서도 오 형제가 이겼어. 약이 바짝 오른

은/는

미션 4 ▶ **바꿔 쓴 이야기에 재미있는 제목을 붙여 주세요.**

101

38 은혜 갚은 두꺼비

미션 1 ▶ 동화 속 명장면을 또박또박 함께 읽어요.

두꺼비는 처녀를 따라 동굴 안까지 따라왔어.

"두꺼비야, 위험하니 어서 나가거라."

처녀가 두꺼비를 밀어내려 했지만 두꺼비는 꼼짝 안 했지.

사붓사붓.

이상한 소리에 천장을 올려다보던 처녀는 소스라치게 놀랐어. 다리가 천 개쯤 달린 기다란 지네 한 마리가 기어 오고 있었거든. 처녀는 소리를 지르며 까무러쳤어.

"으악!"

쓰러진 처녀에게 지네가 다가오자 두꺼비는 독을 뿜어내기 시작했어. 움찔 놀란 지네도 두꺼비를 공격했지.

둘은 뒤엉켜 밤새도록 싸웠어.

미션 2 ▶ 인상 깊은 문장을 골라 따라 써요.

은경쌤이 고른 문장	처녀는 소리를 지르며 까무러쳤어.
내가 고른 문장	

년   월   일   요일

미션 3 ▶ 나만의 이야기로 새롭게 바꿔 써 보아요.

⬜⬜⬜ 은/는 처녀를 따라 ⬜⬜⬜ 까지 따라왔어.

" ⬜⬜⬜ , 위험하니 어서 나가거라."

미션 4 ▶ 바꿔 쓴 이야기에 재미있는 제목을 붙여 주세요.

39 견우직녀

미션 1 ▶ 동화 속 명장면을 또박또박 함께 읽어요.

칠월 칠석날이 되자 땅 위의 모든 까마귀와 까치가 모이기 시작했어. 은하수 동쪽 끝과 서쪽 끝에서 눈물만 펑펑 흘리는 견우와 직녀 앞으로 말이야. 견우와 직녀의 눈물은 끊이지 않고 은하수 강이 넘치도록 흘렀어.

"견우 님, 저희가 다리를 만들게요. 직녀 님을 만나러 가세요."

한 까마귀가 말했어.

"직녀 님, 어서 건너가 견우 님을 만나세요."

까치도 말했지.

견우와 직녀는 까마귀와 까치가 만든 다리 한가운데로 달려갔어.

"보고 싶었어요."

다시 만난 두 사람은 서로의 손을 잡고 기쁨의 눈물을 흘렸어.

미션 2 ▶ 인상 깊은 문장을 골라 따라 써요.

은경쌤이 고른 문장	까마귀와 까치가 모이기 시작했어.
내가 고른 문장	

오늘 쓴 글 어때? 마음에 들어?

　　　　　　　년　　월　　일　　요일

미션 3 ▶ 나만의 이야기로 새롭게 바꿔 써 보아요.

　　　　　　　　　이/가 되자 땅 위의 모든 　　　　　　　　　이/가

모이기 시작했어.

미션 4 ▶ 바꿔 쓴 이야기에 재미있는 제목을 붙여 주세요.

40 호랑이 꼬리 낚시

미션 1 ▶ 동화 속 명장면을 또박또박 함께 읽어요.

"물고기를 쉽게 잡는 법을 알려 드릴게요."

호랑이는 토끼를 잡아먹으려다 물고기 맛이 너무 궁금해져 슬며시 토끼를 내려놓았지.

"호랑이님, 꼬리를 얼음 구멍에 넣어 보세요. 그럼 꼬리에 물고기들이 주렁주렁 매달려 나올 거예요."

토끼의 말에 호랑이는 얼음 구멍 가까이 다가가 꼬리를 물속에 담갔어.

"어이구, 차가워라."

턱이 덜덜 떨리도록 물은 차가웠지만 호랑이는 물고기 잡을 생각에 이를 악물었어.

"호랑이님, 움직이시면 물고기가 도망간답니다. 물고기가 꼬리에 잔뜩 매달릴 때까지 움직이지 마셔요."

미션 2 ▶ 인상 깊은 문장을 골라 따라 써요.

은경쌤이 고른 문장	"꼬리를 얼음 구멍에 넣어 보세요."
내가 고른 문장	

오늘 쓴 글 어때? 마음에 들어?

년   월   일   요일

미션 3 ▶ 나만의 이야기로 새롭게 바꿔 써 보아요.

" _____ 을/를 쉽게 잡는 법을 알려드릴게요."

호랑이는 토끼를 잡아먹으려다 _____ 맛이 너무 궁금해져

슬며시 토끼를 내려놓았지.

미션 4 ▶ 바꿔 쓴 이야기에 재미있는 제목을 붙여 주세요.

107

은경쌤과 함께 하는 속담 퀴즈

1. _____ 키 재기

2. 사공이 많으면 배가 _____ 으로 간다.

3. _____ 이 넝쿨째로 굴러떨어졌다.

4. 어물전 망신은 _____ 가 시킨다.

5. 말 안 하면 _____ 도 모른다.

년   월   일   요일
아무리 글쓰기가 재미있어도 잠시 쉬어 갈까요?

6. _____ 밑이 어둡다.

7. 숭어가 뛰니까 _____도 뛴다.

8. 될성부른 나무는 _____부터 알아본다.

9. 재주는 곰이 넘고 _____은 주인이 받는다.

10. 못된 송아지 _____에 뿔난다.

속담 퀴즈 4라운드, 즐거웠나요?
우리는 열 편의 글을 더 쓰고 난 뒤, 5라운드에서 만나요!

정답 6. 등잔 7. 망둥이 8. 떡잎 9. 돈 10. 엉덩이

41 손톱 먹은 쥐

미션 1 ▶ 동화 속 명장면을 또박또박 함께 읽어요.

　아들은 딸깍딸깍 손톱을 깎고서는 예전처럼 마당으로 휙 집어 던져 버렸어. 그러고는 집에 갈 생각에 꿀잠을 잤지.

　다음 날, 집으로 돌아온 아들은 화들짝 놀랐어. 자기랑 똑같이 생긴 녀석이 떡하니 문을 열고 나왔거든.

　"아니, 뭐야? 네놈은 누구냐?"

　"보시다시피 이 집 아들인데, 넌 누구냐?"

　둘이 옥신각신 다투는 소리에 부모님이 밖으로 나왔지.

　그런데 에구머니나! 똑같이 생긴 아들이 둘이네?

　서로 자기가 아들이라고 말을 하니 아버지는 자신의 생일이 언제냐고 물었지. 둘이 정확히 생일을 이야기하자 어머니가 물었어.

　"나에게 큰 점이 하나 있는데 어디에 있는지 아느냐?"

미션 2 ▶ 인상 깊은 문장을 골라 따라 써요.

은경쌤이 고른 문장	마당으로 휙 집어 던져 버렸어.
내가 고른 문장	

오늘 쓴 글 어때? 마음에 들어?
⭐⭐⭐⭐⭐

년   월   일   요일

미션 3 ▶ 나만의 이야기로 새롭게 바꿔 써 보아요.

　　　　　　　은/는 딸깍딸깍 손톱을 깎고선 예전처럼 마당으로 휙 집어 던져 버렸어. 그러곤 　　　　　　　에 갈 생각에 꿀잠을 잤지.

미션 4 ▶ 바꿔 쓴 이야기에 재미있는 제목을 붙여 주세요.

111

42 도깨비감투

미션 1 ▶ 동화 속 명장면을 또박또박 함께 읽어요.

  김 서방은 구멍 난 감투를 아내에게 기워 달라고 했어. 아내는 감투의 구멍을 빨간 헝겊으로 꿰매 주었지.
  다음 날도 김 서방은 도깨비감투를 머리에 쓰고 밖으로 나갔어.
'오늘은 무엇을 훔쳐 볼까?'
이 집 저 집 기웃거리는데 주변 사람들이 웅성대기 시작했어.
"저기 저 빨간 점은 무엇이란 말이오?"
"그러게. 동동 떠다니는 저것이 무엇일꼬?"
 김 서방은 아무것도 모른 채 물건을 한 짐 가득 훔쳐 집으로 향했어.
"저기 저 빨간 점 잡아라!"
사람들이 소리치며 김 서방을 향해 몰려들었어. 김 서방은 놀라서 '걸음아 나 살려라' 하고 도망쳤어.

미션 2 ▶ 인상 깊은 문장을 골라 따라 써요.

은경쌤이 고른 문장	"동동 떠다니는 저것이 무엇일꼬?"
내가 고른 문장	

오늘 쓴 글 어때? 마음에 들어?

년   월   일   요일

미션 3 ▶ **나만의 이야기로 새롭게 바꿔 써 보아요.**

김서방은 구멍 난 ⬜⬜⬜ 을/를 아내에게 기워 달라고 했어.

아내는 ⬜⬜⬜ 의 구멍을 ⬜⬜⬜ 으로 꿰매 주었지.

미션 4 ▶ **바꿔 쓴 이야기에 재미있는 제목을 붙여 주세요.**

43 청개구리 이야기

미션 1 ▶ 동화 속 명장면을 또박또박 함께 읽어요.

"아들아, 엄마가 죽거든 엄마를 냇가에 묻어 주렴."

엄마는 아들 청개구리에게 이렇게 말하며 속으로 생각했지.

'늘 반대로만 하는 녀석이니 냇가에 묻어 달라고 하면 이번에도 반대로 나를 산속에 묻어 주겠지.'

병이 깊어진 엄마는 결국 세상을 떠났고 아들 청개구리는 슬피 울었어. 엄마 말을 듣지 않았던 자신을 반성하면서 말이야.

"엄마, 죄송해요. 이번에는 엄마 말씀대로 따르겠어요."

아들 청개구리는 냇가에 엄마 무덤을 만들었어.

그러던 어느 날, 엄청나게 많은 비가 쏟아져 순식간에 시냇물이 강처럼 불어나는 거야.

"엄마 무덤이 떠내려가면 어떻게 하지? 개굴개굴, 개굴개굴."

미션 2 ▶ 인상 깊은 문장을 골라 따라 써요.

은경쌤이 고른 문장	아들 청개구리는 슬피 울었어.
내가 고른 문장	

오늘 쓴 글 어때? 마음에 들어?

　　　　　　　　년　월　일　요일

미션 3 ▶ **나만의 이야기로 새롭게 바꿔 써 보아요.**

"아들아, 엄마가 죽거든 엄마를 _____ 에 묻어 주렴."

엄마는 아들 청개구리에게 이렇게 말하며 속으로 생각했지.

미션 4 ▶ **바꿔 쓴 이야기에 재미있는 제목을 붙여 주세요.**

44 삼 년 고개

미션 1 ▶ 동화 속 명장면을 또박또박 함께 읽어요.

  삼 년 고개에서 넘어진 할아버지는 집으로 돌아와 시름시름 앓아누웠어. 할머니가 걱정히며 무슨 일인지 물었지.

  "할멈, 글쎄 내가 삼 년 고개에서 넘어졌지 뭐요. 앞으로 삼 년밖에 못 살 것 같구려."

  할아버지는 힘없이 대답했어. 그 말에 할머니의 눈에는 눈물이 그렁그렁 맺혔지. 가족들은 모두 할아버지 걱정에 한숨만 푹푹 내쉬었어.

  "할아버지, 그러면 삼 년 고개에서 더 넘어지시면 되잖아요."

  손자가 눈을 반짝이며 말했어. 모두 손자를 쳐다보았지.

  "한 번 넘어지면 삼 년을 사는 거니까, 두 번 넘어지면 육 년, 세 번 넘어지면 구 년을 살 수 있는 거잖아요."

  할아버지는 자리에서 벌떡 일어나 삼 년 고개로 향했어.

미션 2 ▶ 인상 깊은 문장을 골라 따라 써요.

은경쌤이 고른 문장	"앞으로 삼 년밖에 못 살 것 같구려."
내가 고른 문장	

오늘 쓴 글 어때? 마음에 들어?

★★★★★

년   월   일   요일

미션 3 ▶ 나만의 이야기로 새롭게 바꿔 써 보아요.

☐☐☐☐ 에서 넘어진 ☐☐☐☐ 은/는 집으로 돌아와 시름시름 앓아누웠어.

미션 4 ▶ 바꿔 쓴 이야기에 재미있는 제목을 붙여 주세요.

훈장님의 꿀단지

미션 1 ▶ 동화 속 명장면을 또박또박 함께 읽어요.

훈장님이 잔칫집에 가느라고 자리를 비운 사이 똘이는 벽장 깊숙이 숨겨진 단지를 꺼냈어.

"똘아, 뭐 하는 거야? 그러다가는 훈장님께 혼난단 말이야."

"맞아, 훈장님께서 아이들은 그걸 먹으면 죽는다고 하셨잖아."

아이들이 겁에 질려 똘이를 말렸어.

"너희들은 그 말을 믿는단 말이야? 이건 꿀단지라고."

똘이는 씩 웃으며 단지를 열었어. 단지 안에는 노랗고 반드르르한 꿀이 가득했어. 달콤한 꿀 향이 서당 가득 퍼졌지.

똘이가 꿀을 손가락으로 푹 찍어 아이들 입에 넣어 줬어.

"진짜 꿀이로구나!"

아이들은 너나 할 것 없이 꿀을 퍼먹기 시작했어.

미션 2 ▶ 인상 깊은 문장을 골라 따라 써요.

은경쌤이 고른 문장	달콤한 꿀 향이 서당 가득 퍼졌지.
내가 고른 문장	

오늘 쓴 글 어때? 마음에 들어?

★ ★ ★ ★ ★

년   월   일   요일

미션 3 ▶ 나만의 이야기로 새롭게 바꿔 써 보아요.

[　　　]이/가 잔칫집에 가느라고 자리를 비운 사이 똘이는 벽장 깊숙이 숨겨진 [　　　]을/를 꺼냈어.

미션 4 ▶ 바꿔 쓴 이야기에 재미있는 제목을 붙여 주세요.

46 도깨비를 골탕 먹인 농부

미션 1 ▶ 동화 속 명장면을 또박또박 함께 읽어요.

'어제 자갈을 다 골라내고 갔는데, 요것은 분명 도깨비짓이렷다.'

농부는 자기 밭에 자갈이 그득한 것을 보고 화가 났지만 오히려 큰 소리로 이렇게 말했어.

"아이고, 고맙기도 하지. 누가 이리 자갈을 가득 가져다 놓았나? 소똥이라도 가져다 놓았으면 큰일 날 뻔했네."

도깨비들은 농부의 말에 서로를 쳐다보았어.

"소똥을 가져다 놓아야 저 녀석이 곤란한 모양이야."

도깨비들은 서둘러 자갈을 치우고 밭에 소똥을 한가득 뿌렸지.

다음 날, 밭에 소똥이 가득한 걸 본 농부는 속으로는 즐거워 웃으면서 겉으로는 아닌 체하고 다시 말했어.

"누가 이런 짓을 했단 말이냐? 올해 농사 다 망치게 생겼구나."

미션 2 ▶ 인상 깊은 문장을 골라 따라 써요.

은경쌤이 고른 문장	겉으로는 아닌 체하고 다시 말했어.
내가 고른 문장	

오늘 쓴 글 어때? 마음에 들어?

년   월   일   요일

미션 3 ▶ 나만의 이야기로 새롭게 바꿔 써 보아요.

'어제 자갈을 다 골라내고 갔는데, 요것은 분명

이렷다.'

미션 4 ▶ 바꿔 쓴 이야기에 재미있는 제목을 붙여 주세요.

121

47 자린고비 영감

미션 1 ▶ 동화 속 명장면을 또박또박 함께 읽어요.

　자린고비는 생선 하나를 만지작거리며 가격을 물었어. 그러고는 다시 내려놓고, 꽁치를 집으며 또 물었어.
　"그럼 이 생선은 국을 끓이면 맛이 있소?"
　"고놈은 국보다는 구워야 더 맛이 있지요."
　생선 장수의 대답을 듣는 둥 마는 둥 하며 자린고비는 또 다른 생선도 한참을 조몰락거리다가 벌떡 일어섰어.
　"아차! 내가 돈을 안 가지고 왔구먼. 다시 오리다."
　자린고비는 뒤도 돌아보지 않고 급하게 집으로 돌아오더니 곧장 부엌으로 가 솥부터 찾았어.
　"솥에 어서 물 받아라. 오늘 저녁은 생선국이다."
　물이 가득 찬 솥에 자린고비는 손을 싹싹 씻었어.

미션 2 ▶ 인상 깊은 문장을 골라 따라 써요.

은경쌤이 고른 문장	조몰락거리다가 벌떡 일어섰어.
내가 고른 문장	

오늘 쓴 글 어때? 마음에 들어?

년　월　일　요일

미션 3 ▶ 나만의 이야기로 새롭게 바꿔 써 보아요.

자린고비는 ☐☐☐☐☐ 을/를 만지작거리며 가격을 물었어. 그러고는 다시 내려놓고, ☐☐☐☐☐ 을/를 집으며 또 물었어.

미션 4 ▶ 바꿔 쓴 이야기에 재미있는 제목을 붙여 주세요.

48 은혜 갚은 꿩

미션 1 ▶ 동화 속 명장면을 또박또박 함께 읽어요.

댕, 댕, 댕. 바로 그때, 종소리가 세 번 울렸어.

선비도 구렁이도 깜짝 놀랐지.

"아, 오늘은 하늘이 네 편이구나. 분하지만 약속하였으니 너를 살려 주겠다."

구렁이는 선비를 풀어 주고 스르르 어디론가 사라졌어.

구렁이에게서 살아난 선비는 꿈인지 생시인지 알 수 없었지. 선비는 곧바로 종이 울렸던 곳으로 가 보았어. 종 아래에는 꿩 두 마리가 죽어 있었어.

"꿩들이 종에 머리를 부딪쳐 종을 울렸구나."

그 꿩들은 어제 선비가 구렁이로부터 구해 주었던 새끼 꿩들의 어미와 아비였던 거야. 자신들의 목숨을 바쳐 은혜를 갚은 거지.

미션 2 ▶ 인상 깊은 문장을 골라 따라 써요.

은경쌤이 고른 문장	목숨을 바쳐 은혜를 갚은 거지.
내가 고른 문장	

년   월   일   요일

미션 3 ▶ 나만의 이야기로 새롭게 바꿔 써 보아요.

☐ 바로 그때, ☐

선비도 ☐ 도 깜짝 놀랐지.

미션 4 ▶ 바꿔 쓴 이야기에 재미있는 제목을 붙여 주세요.

49 방귀 시합

미션 1 ▶ 동화 속 명장면을 또박또박 함께 읽어요.

방귀쟁이 아저씨는 옆 마을 방귀쟁이 아줌마를 찾아갔어.

그 집 아들이 엄마는 안 계시다며 문을 꽝 닫았어. 방귀쟁이 아저씨는 하마터면 코를 찧을 뻔했지.

"어린 녀석이 버릇없이."

방귀쟁이 아저씨는 힘껏 방귀를 뀌었어. 뿡뿡, 빵빵!

아이가 날아가 아궁이에 콕 박혔지 뭐야. 뒤늦게 집에 돌아온 아줌마는 재투성이가 된 아들을 보고 얼굴이 벌겋게 달아올랐어.

"옆 마을 방귀쟁이가 이랬단 말이지?"

방귀쟁이 아줌마는 마당에 있는 절구에다 엉덩이를 대고 아랫배에 힘을 빡 주었어. 뿡뿡, 빵빵, 뿡빵!

절구는 방귀쟁이 아저씨 집까지 날아갔어.

미션 2 ▶ 인상 깊은 문장을 골라 따라 써요.

은경쌤이 고른 문장	방귀쟁이 아저씨 집까지 날아갔어.
내가 고른 문장	

오늘 쓴 글 어때? 마음에 들어?

년　　월　　일　　요일

미션 3 ▶ 나만의 이야기로 새롭게 바꿔 써 보아요.

방귀쟁이 _____ 은/는 옆 마을 방귀쟁이 _____

을/를 찾아갔어.

| |
| |
| |

미션 4 ▶ 바꿔 쓴 이야기에 재미있는 제목을 붙여 주세요.

방귀 시합

50 구렁덩덩 신선비

미션 1 ▶ 동화 속 명장면을 또박또박 함께 읽어요.

"제가 구렁덩덩 신선비님께 시집을 갈게요."

셋째 딸은 자신이 혼인하겠다고 대답했어.

혼례를 치르는 날, 동네 사람들은 구경하려고 정승댁에 모여들었지.

구렁이는 사모관대를 차려입고 담장에 놓인 긴 장대를 굼실굼실 넘어와 셋째 딸과 혼례를 치렀어.

밤이 되어 둘만 남자 구렁이 신랑이 말했어.

"이 집에서 가장 오래된 간장독, 물독, 밀가루 독을 가져다주시오."

셋째 딸이 독 세 개를 준비해 오자 구렁이는 차례차례 독에 들어갔다 나왔어. 그랬더니 글쎄 구렁이 허물을 홀랑 벗고 잘생긴 새신랑으로 변했지 뭐야.

"부인, 이 허물은 누구에게도 보이지 말고 잘 간직해 주오."

미션 2 ▶ 인상 깊은 문장을 골라 따라 써요.

은경쌤이 고른 문장	잘생긴 새신랑으로 변했지 뭐야.
내가 고른 문장	

오늘 쓴 글 어때? 마음에 들어?

년   월   일   요일

미션 3 ▶ 나만의 이야기로 새롭게 바꿔 써 보아요.

"제가 _____ 께 시집을 갈게요."

_____ 은/는 자신이 혼인하겠다고 대답했어.

미션 4 ▶ 바꿔 쓴 이야기에 재미있는 제목을 붙여 주세요.

은경쌤과 함께 하는 속담 퀴즈

5 라운드

1. 마른하늘에 _____

2. 원수는 _____ 에서 만난다.

3. 개구리 _____ 적 생각 못 한다.

4. _____ 도 제짝이 있다.

5. _____ 앞에서 주름잡는다.

정답 1. 날벼락 2. 외나무다리 3. 올챙이 4. 짚신 5. 번데기

년　월　일　요일
아무리 글쓰기가 재미있어도 잠시 쉬어 갈까요?

6. 뱁새가 황새 따라가다 _____ 가 찢어진다.

7. 황소 뒷걸음치다 _____ 잡는다.

8. 같은 값이면 _____

9. _____ 도 나무에서 떨어진다.

10. 마파람에 _____ 눈 감추듯

속담 퀴즈 5라운드, 즐거웠나요?
우리는 다음 글쓰기 책에서 다시 만나요!

정답 6. 가랑이 7. 쥐 8. 다홍치마 9. 원숭이 10. 게

이은경쌤의 초등 글쓰기 완성 시리즈
전래동화 바꿔쓰기

1판 1쇄 펴냄 | 2024년 7월 25일

지은이 | 이은경
발행인 | 김병준
편　집 | 김리라, 박은아
마케팅 | 김유정, 최은규
디자인 | 백소연
본문 일러스트 | 이가영
발행처 | 상상아카데미

등　록 | 2010. 3. 11. 제313-2010-77호
주　소 | 서울시 마포구 독막로 6길 11(합정동), 우대빌딩 2, 3층
전　화 | 02-6953-7790(편집), 02-6953-4188(영업)
팩　스 | 02-6925-4182
전자우편 | main@sangsangaca.com
홈페이지 | http://sangsangaca.com

ISBN 979-11-93379-34-9 (73800)

· KC마크는 이 제품이 공통안전기준에 적합하였음을 뜻합니다.
· 잘못 만들어진 책은 구입하신 서점에서 교환해 드립니다.